Nossa História da Família

Um olhar dos socioeducandos sobre infância, mulheres e a música popular brasileira

HELISON CAVALCANTE

Belém - 2019

Responsável pela capa: Eder Ferreira Monteiro

Imagem da capa: "Nuevo cuento de hadas" (1891) – Nikolay P. Bogdanov-Belsky.

Cavalcante, Helison Geraldo Ferreira

C376n Nossa História da Família: Um olhar dos socioeducandos sobre infância, mulheres e a música popular brasileira/ Helison Geraldo Ferreira Cavalcante. – Belém – PA: Independently published, 2019. 94 p.

ISBN: 978-1-6969-9253-4

Inclui referências.

1. História - Ensino. 2. História da Família. 3.Medidas socioeducativas. I. Título. II. Autor.

CDD: 990

DEDICATÓRIA

Este livro é dedicado a todos os meus familiares, principalmente a meus pais, Francisco de Brito Cavalcante e Maria Raimunda Ferreira Cavalcante, a minha irmã Helaine Ferreira Cavalcante, a minha companheira, Manuela Pereira de Almeida e a meus filhos, Vinicius do Nascimento Cavalcante, Hernán do Nascimento Cavalcante e Heloá Pereira Cavalcante.

CONTEÚDO

AGRADECIMENTOS

Escrever este livro, sobre um projeto realizado durante um longo e produtivo mês de maio, do ano de 2019, foi uma tarefa extremamente desafiadora, que não teria sido concretizada sem a colaboração de vários colegas, que além da alta capacidade profissional, são grandes amigos. Devo sinceros agradecimentos à Socorro Vale, Klebson Andrade, Tarcisio Cardoso Moraes, Raimundo Dickson, Eder Monteiro, Lígia Carla, Leidiane Jacira, Erenilda Almeida, Evana Celeste, Olindo Matos, João Neto, Jesse Teixeira, Adilene Costa, Dion Cunha, Reginaldo Carneiro, Twiggy Portilho, Alessandra de Paula, dentre muitos outros colegas, que direta ou indiretamente participaram dessa produção. Além de todos esses competentes profissionais, dezoito adolescentes, de ambos os sexos, internados, em cumprimento de medidas socioeducativas, participaram ativamente de nosso projeto, merecendo o reconhecimento de serem coautores da obra.

PREFÁCIO

Uma das grandes tarefas de nosso tempo é possibilitar ao educando com o qual trabalhamos a sensação/certeza de que ele tem valor para alguém, desenvolvendo, a partir disso, o seu autoconceito, a sua autoconfiança e a sua auto-estima. Essa é a nossa grande missão.
Antônio Carlos Gomes da Costa

O passado nunca está morto e enterrado. *Nossa história da família* trás a público a vivência cotidiana do conhecimento histórico em sala de aula de uma escola socioeducativa. Esta é uma obra de construção coletiva, de vários protagonistas[1]. Através das pegadas dos autores e autoras o leitor é convidado a entrar e olhar mais de perto esse espaço de ensino e aprendizagem, em certo sentido, singular; mas também que compartilha vários aspectos em

---

[1] Para uma análise do protagonismo na obra de Paulo Freire, ver RYZEWSKI, Luiz Antônio; STORTI, Moysés Martins Tosta. Pedagogia do oprimido e protagonismo juvenil: contribuições para uma práxis libertadora. São Paulo, 2008.

comum com o que se convencionou chamar de escola regular. Espaço de encontros e buscas, a sala de aula é um mosaico dos principais dilemas e conflitos sociais contemporâneos.

Na contramão da perspectiva enciclopedista da história narrativa que prioriza o objeto de conhecimento e sua memorização, aqui está em jogo a preocupação de chamar o passado para atuar na reflexão e na elaboração de respostas às indagações atuais sobre as construções das identidades. Do presente para o passado, a desestrutura familiar e a violação de direitos tão marcadamente presentes na experiência social de jovens e adolescentes em cumprimento de medidas socioeducativas, foram aqui problematizadas à luz de uma abordagem histórico-didática, uma vez que a investigação do objeto se deu sob o ponto de vista da prática da vida real[2].

Tomando como ponto de partida a própria vivência familiar de jovens e adolescentes em condições de vulnerabilidade social, a construção do conhecimento é tomada em sua forma significativa[3], num verdadeiro exercício de história pública[4] em que o processo de ressignificação temporal dos sujeitos a partir da problematização da família brasileira, busca analisar temas como a virgindade, o casamento e a violência doméstica,

---

[2] BERGMANN, Klaus. A história na reflexão didática. Revista Brasileira de História, São Paulo, v. 9, n.19, set.89/fev.90, p. 29-42, 1990.

[3] FREIRE, Paulo. Pedagogia da autonomia: saberes necessários para a prática educativa. Rio de Janeiro: Paz e Terra, 1998.

[4] ALBIERI, Sara. História pública e consciência histórica. In: ALMEIDA, Juniele Rabêlo de; ROVAI, Marta G. de Oliveira (org). Introdução à História Pública. São Paulo: Letra e Voz, 2011. p.19-28.

além da mortalidade infantil no mundo medieval e moderno, o transporte de crianças para o Brasil colonial e a situação das crianças escravas no Brasil.

Mais que apresentar uma nova roupagem ao ensino de história, a relação ensino-aprendizagem é desenvolvida em seu caráter formativo. Isso porque, apesar de geralmente as socioeducandas apresentam distorções serie/idade e uma experiência escolar fragmentada e precária, ao longo do projeto que resultou na *História da Família* as alunas foram tratadas como parte da solução, não como problema. Deste modo, sala de aula socioeducativa se fez espaço de renovação de autoestima e produtor de conhecimento. Se atualmente as artes e as ciências humanas sofrem sérios ataques como parte da política de Estado, é muito gratificante e renovador podermos ver o ensino de história como ferramenta de ressignificação e de reconstrução de projetos de vidas.

Tarcisio Cardoso Moraes

APRESENTAÇÃO

A família é um tema fundamental para a socioeducação e pouco temos nos atentado para isso. Dentre todas as privações que os socioeducandos sofrem, uma das que mais costumam os incomodar é a privação da companhia dos seus entes queridos, quer sejam eles pais, mães, irmãos, filhos ou cônjuges. Além disso, é para o seio do lar, e para o convívio com os familiares que o adolescente retorna, quando termina de cumprir a sua medida socioeducativa de internação.

Mesmo com toda essa importância, não temos conseguido envolver satisfatoriamente as famílias dos adolescentes no processo de educação dentro do atendimento socioeducativo, por motivos diversos, tanto de ordem estrutural, quanto conjuntural.

Nosso livro nasceu de um projeto que funcionou como um primeiro esforço para aproximar a nossa escola e os familiares dos socioeducandos. Buscávamos, em um primeiro momento, compreender o que os adolescentes pensavam sobre constituição familiar e sobre a importância da família na medida de internação. Discutimos temas ligados à história da família, relacionando-os com o cotidiano dos alunos. Garantimos o protagonismo da narrativa aos adolescentes, pois a intenção de nosso trabalho era compreender a visão deles sobre as temáticas trabalhadas.

Acreditamos que, valorizar as falas e as narrativas dos adolescentes e publicá-las em um livro os levou a se perceberem enquanto produtores de conhecimento e detentores de direitos, reforçando a autoestima e o valor dos estudos dentro da socioeducação.

Ao longo deste projeto, a nossa compreensão sobre o tema da família se expandiu, e esperamos que conhecer a nossa experiência também permita isso a todos os envolvidos com a socioeducação.

INTRODUÇÃO

A nossa escola é uma escola diferente de todas as outras, e isso é muito claro, tanto para os professores que nela trabalham, quanto para os alunos que nela estudam. Se chama Antônio Carlos Gomes da Costa, se situa na cidade de Ananindeua, na Zona Metropolitana de Belém, no Estado do Pará, e atende a um público muito específico, que necessita de uma atenção especial dos professores, no que compete ao seu processo de educação, tendo em vista que seu corpo discente é composto, exclusivamente, por adolescentes em situação de privação de liberdade, que cumprem medidas socioeducativas de internação.

As medidas socioeducativas podem ser definidas como sendo medidas aplicáveis a adolescentes autores de atos infracionais, que estão previstas no Estatuto da Criança e do Adolescente (ECA) e que representam uma resposta à prática de um delito. Mas elas vão muito além disso, pois possuem, necessariamente, um caráter de predomínio educativo e não apenas punitivo em sua execução.

Desse modo, na condição de privados de liberdade, nossos alunos estão afastados da sociedade, das suas famílias e, muitas vezes, de sua própria cidade, pois o Estado do Pará é muito grande e a maior parte dos serviços de atendimento socioeducativo se concentram na Zona Metropolitana de Belém, milhares de quilômetros distante da residência de alguns deles. Mas os distanciamentos não param por aí, pois, diferentemente da maioria das outras escolas, a nossa, por força de lei, segrega os seus alunos, que praticamente não se conhecem, por mais que estudem, legalmente, todos na mesma instituição.

Nossa escola se divide em oito anexos, e cada um deles se situa dentro de uma Unidade de Atendimento Socioeducativo, sendo que os adolescentes são separados, nesses anexos, em virtude de fatores como o sexo, a idade e a compleição física de cada indivíduo. A sede da escola funciona em um espaço cedido pela FASEPA (Fundação de Atendimento Socioeducativo do Pará), na Unidade de Atendimento Socioeducativo de Ananindeua. Cada um dos oito anexos possui a sua especificidade própria. São eles: Centro Juvenil Masculino – CJM (unidade de atendimento socioeducativo de internação, que atende adolescentes do sexo masculino, sentenciados, com capacidade para 33 adolescentes, que devem ter entre 12 e 15 anos), Centro Socioeducativo Masculino – CESEM (unidade de internação, que atende adolescentes e jovens masculinos, sentenciados, com capacidade para 40 adolescentes, entre

16 e 17 anos), Unidade de Atendimento Socioeducativo de Benevides (se dedica à internação e atende adolescentes e jovens masculinos, sentenciados, com capacidade para 80 adolescentes, entre os 16 e os 17 anos), Centro de Internação Jovem Adulto Masculino – CIJAM (unidade de internação que atende adolescentes e jovens masculinos, sentenciados, com capacidade para 60 socioeducandos, que devem ter entre 18 e 20 anos), Centro de Internação Provisória Masculino – CIAM (unidade de internação provisória, com capacidade para 60 socioeducandos, com idade entre 12 e 18 anos), Unidade de Atendimento Socioeducativo de Ananindeua (trabalha com a internação, e atende adolescentes e jovens masculinos, sentenciados, com capacidade para 40 socioeducandos, de 16 a 17 anos), Centro Feminino de Internação Provisória – CEFIP (unidade de internação provisória, que atende adolescentes e jovens do sexo feminino, em cumprimento de medida provisória, com capacidade para 12 adolescentes, que devem ter entre 12 e 20 anos), Centro Socioeducativo Feminino – CESEF (unidade de internação, que atende adolescentes e jovens do sexo feminino, sentenciadas, com capacidade para 22 socioeducandas, entre os 12 e os 20 anos)[5].

A dinâmica de nossa escola é muito diferenciada das demais, pois raramente temos a oportunidade de trabalhar por um ano letivo inteiro com o aluno. Estando em nosso

---

[5] Informações contidas no CONVÊNIO Nº 237/2016: Convênio de cooperação técnica celebrado entre a Secretaria de Estado de Educação e a Fundação de Atendimento Socioeductivo do Pará – FASEPA, assinado em 14 de novembro de 2016, na cidade de Belém.

colégio, por determinação judicial, nossos estudantes podem se matricular em qualquer momento do ano letivo e também se desligar dela em qualquer data, tudo dependendo do andamento de seu processo judicial e, não necessariamente, de aspectos pedagógicos. Em virtude disso, todas as nossas ações enquanto docentes devem ser pensadas para serem significativas e marcarem imediatamente a vida dos adolescentes, que serão logo reinseridos na sociedade.

Sobre a dinâmica do processo de internação, devemos observar que, uma vez cometido o ato infracional, o adolescente pode vir a ser sentenciado a cumprir medida socioeducativa de caráter provisório, sendo, neste caso, encaminhado para o CIAM (Centro de Internação Provisória Masculino) ou para o CEFIP (Centro Feminino de Internação Provisória), por um prazo de até 45 dias, enquanto espera uma sentença do Juiz da Infância e da Juventude. Tanto CIAM quanto CEFIP possuem equipes próprias de professores e, como podemos perceber, a segregação sexual entre os alunos já começa nesta fase.

Após esses 45 dias de internação provisória, a situação do (a) adolescente é reavaliada pelo juiz, que pode liberá-lo do cumprimento da medida ou lhe aplicar uma manutenção de seis meses. No caso de o aluno (a) receber a manutenção de medida, sob hipótese nenhuma continuará no CIAM nem no CEFIP, pois será encaminhado para uma das outras seis unidades de internação permanente, sendo a unidade definida por fatores como sexo, idade e compleição física do (a) adolescente.

Ao chegar na nova unidade, que será sua moradia por pelo menos seis meses, o adolescente se depara com uma nova equipe de professores e com outros colegas de classe. Na nova unidade também tem um novo gestor e uma nova equipe de atendimento, composta por socioeducadores, assistentes sociais, psicólogos, pedagogos, entre diversos outros profissionais. Ao fim dos seis meses, o (a) adolescente será reavaliado pelo juiz e, caso seja do sexo masculino, e receba uma nova manutenção de medida, provavelmente trocará de unidade novamente, visto que sua idade e compleição física serão outras em relação ao seu início de cumprimento de medida. Por outro lado, a socioeducanda, por mais que com nova manutenção, não trocará de unidade, pois o CESEF (Centro Socioeducativo Feminino) é a única unidade de internação permanente para o sexo feminino no Estado do Pará.

Atuo como professor de História, no CESEF, desde o ano de 2010, lecionando para adolescentes que cursam os anos finais do ensino fundamental e também para as que estão no ensino médio. Ao longo deste tempo, enquanto professor, enfrentei uma série de dificuldades, pois trabalhar com o público em privação de liberdade não é uma tarefa simples. Muitas de nossas adolescentes apresentam características que complexificam o processo educativo. Algumas sofrem de séria distorção entre a idade e o ano letivo cursado, fruto do abandono escolar precoce; outras sofrem de abstinência do uso de álcool ou de drogas, o que influencia o seu humor, e, eventualmente, dificulta a concentração da adolescente e o aproveitamento das aulas;

há aquelas que foram abandonadas pelos familiares muito cedo, ou que fugiram de casa por razões diversas; e, também, aquelas que já são mães e estão privadas da companhia de seus filhos, ao mesmo tempo em que se culpam por não estarem com eles, em virtude da prática de um ato infracional. Cada uma das adolescentes tem uma história de vida muito peculiar e conhecê-la é fundamental para o bom andamento das aulas.

No CESEF temos uma equipe completa de professores e as aulas acontecem diariamente, sendo que, a grande maioria das alunas participa com grande envolvimento delas. Apesar disso, as estudantes costumam realizar algumas reclamações. Uma das principais é que elas não se sentem em uma sala de aula de verdade, devido ao fato de só haverem meninas nela e serem poucas as estudantes presentes[6]. Outra reclamação recorrente, que não diz respeito diretamente a escolarização, mas que nela interfere bastante, é a saudade que a maioria das alunas relatam sentirem de seus entes queridos, saudade essa que é muitas vezes desafiadora aos docentes. Não é incomum dar aulas na unidade em dias em que alguma adolescente sofreu alguma perda familiar, ligada à violência urbana, e, além disso, nas datas festivas, as alunas ficam muito emotivas, imaginando como estão seus irmãos, pais e filhos, no que elas chamam de "liberdade".

No CESEF, bem como em toda a escola Antônio Carlos Gomes da Costa, defendemos uma educação

---

[6] Devido a fatores ligados à segurança, espaço físico e às necessidades educacionais de algumas socioeducandas, afastadas da sala de aula há muito tempo, lecionamos para no máximo cinco alunas por turma.

freireana, e buscamos colaborar com o desenvolvimento da autonomia e da criticidade dos adolescentes, descartando a noção de que ensinar significa transferir conhecimento, pois nosso objetivo é criar as possibilidades para que o aluno produza e construa conhecimento ele próprio.

Nossa escola é estadual, fazendo parte da Secretaria de Estado de Educação (SEDUC) e, burocraticamente, dentro da SEDUC, estamos ligados à CEJA (Coordenação de Educação de Jovens e Adultos). No CESEF temos seis turmas, sendo cinco delas na modalidade Educação de Jovens e Adultos.[7] O nosso projeto envolveu todas as 16 adolescentes internadas no CESEF, durante o mês de maio de 2019, mas foi pensado, prioritariamente, para as terceiras etapas, visto que são as turmas com o maior contingente de alunas (10).

Morando juntas, em privação de liberdade, por vários meses, compartilhando sonhos, esperanças, mas também saudades, muitas das alunas acabam mantendo uma relação, de certo modo, fraternal entre elas, o que as ajuda a enfrentar o dia-a-dia da internação. Apesar disso, existe, mesmo no espaço escolar, por questões de ordem prática, uma relativa segregação entre as estudantes. Nosso espaço é pequeno e temos somente quatro salas, mas seis turmas e, por convenção, ficou decidido que as duas etapas iniciais teriam aulas pela manhã, enquanto que, as alunas dos anos finais do ensino fundamental e as do ensino médio

---

[7] Temos uma turma de primeira etapa, uma de segunda etapa, duas de terceira etapa, uma de quarta etapa e, além dessas, uma turma do primeiro ano do ensino médio, que não é de jovens e adultos, mas de ensino regular, visto que as alunas de ensino médio, menores de idade, não representam público para a EJA.

estudariam pela tarde.

Essa segregação influenciava tanto no cotidiano das socioeducandas, pois elas além de estudarem na unidade também moravam nela, quanto no trabalho dos professores, que enfrentavam dificuldades de organizar atividades escolares coletivas, visto que, os que lecionavam nas séries iniciais trabalhavam pela manhã e os que trabalhavam com os anos finais trabalhavam pela tarde, o que dificultava as reuniões e as trocas de ideias. Nesse contexto, as alunas e os professores muitas vezes até se sentiam como membros de escolas diferentes, devido a falta de diálogo direto entre os turnos.

Eis que, diante dessas situações, resolvemos pesquisar a legislação relativa ao atendimento socioeducativo para formular um projeto que fosse significativo para as adolescentes e as suas famílias, ao mesmo tempo em que envolvesse todos os turnos do CESEF. Nesse sentido, começamos um estudo rigoroso do SINASE (Sistema Nacional de Atendimento Socioeducativo), legislação publicada em 2012, que regulamenta o atendimento socioeducativo para adolescentes em cumprimento de medida.

Notamos que, dentre os dezesseis princípios do atendimento socioeducativo que o SINASE propõe, o segundo precisa ser melhor trabalhado nas unidades paraenses, sendo ele a *Responsabilidade solidária da Família, Sociedade e Estado pela promoção e a defesa dos direitos de crianças e adolescentes – artigos 227 da Constituição Federal e 4º do Estatuto da Criança e do Adolescente (ECA)*. Percebemos que, para cada um desses atores sociais, existiam atribuições distintas, mas complementares e que o trabalho de conscientização e de responsabilização de cada um deles deveria ser contínuo e recíproco, ou seja, família, comunidade, sociedade em geral e Estado não poderiam abdicar de interagir uns com os outros e de responsabilizar-se mutuamente, em prol de um atendimento socioeducativo eficaz (SINASE, 2006, p. 25-26). Desse modo, a participação da família dos adolescentes no cumprimento da medida socioeducativa se torna imperativo, mas isso nos gera um dilema. Como contar com a colaboração dessas famílias se efetivamente não as conhecemos e nem temos acesso a elas?

Pensando nesta questão, resolvemos desenvolver um projeto que desafiasse, de certo modo, os muros e as grades que separam as nossas alunas da sociedade e de suas famílias. Decidimos trabalhar, durante todo o mês de maio de 2019, marcado pelas comemorações do dia das mães e do dia da família, o tema da história da família. Nesse sentido, captamos, através de um conjunto de questões, os saberes prévios que possuíam as alunas, de todas as etapas da escola, sobre o conceito de família e sobre a importância da família no cumprimento da medida socioeducativa. O resultado dessas questões foi duplo. De um lado, conhecemos melhor nossas alunas e a sua estrutura familiar, de outro, produzimos cartazes que se transformaram em parte da decoração da unidade para a comemoração do dia das mães, evento no qual as famílias visitam suas adolescentes e conversam com os professores.

O início do nosso projeto teve grande êxito, pois as respostas que obtivemos das alunas, no nosso conjunto de questões, foram sistematizadas e socializadas com os demais professores, que passaram a utilizá-las para formular os seus planejamentos bimestrais. Além disso, os cartazes mostraram, aos familiares presentes na celebração do dia das mães, o carinho e a importância que eles possuem para as adolescentes, inclusive na sua fase de internação.

(Cartaz que apresenta conceitos de família dados pelas socioeducandas, revelando os seus saberes prévios sobre o tema)

Após essa primeira atividade, que era para estimular o interesse das socioeducandas pelo tema, conhecer os seus saberes prévios e ter contato com os familiares delas, desenvolvemos três sequências de aulas, uma na qual relacionamos a história da família com a história das mulheres, discutindo temas como a virgindade, o casamento e a violência doméstica, a partir do livro *Nossa História das mulheres: representações do feminino no cinema e na sala de aula*, produzido, no ano passado, no CESEF, por mim, enquanto professor de história da unidade, e pelas alunas do CESEF, então internadas. O PDF do livro está disponível no site <u>nossahistoriadasmulheres.com</u>[8], ao qual as alunas tiveram acesso. As socioeducandas ficaram impressionadas por saber que outras adolescentes, que assim como elas estiveram internadas, em cumprimento de medidas socioeducativas, passando por dificuldades semelhantes as delas, conseguiram se tornar coautoras de um livro e, essa boa impressão, as motivou a se dedicarem ao nosso novo projeto.

Em um segundo momento, relacionamos a história da família com a história das crianças. Discutimos temas como a mortalidade infantil nos mundos medieval e moderno, o transporte de crianças para o Brasil colonial, a situação das crianças escravas no Brasil e a miscigenação.

Em um terceiro momento, apresentamos músicas do século XX e XXI para as adolescentes, e discutimos, em uma roda de conversa, da qual participou o professor de língua inglesa da unidade, representações sobre a família na música popular brasileira contemporânea.

Após essas três sequencias de atividades, nas quais discutimos a história das mulheres e a história das crianças, relacionando-as com a história da família, fizemos um resumo de nosso projeto e o apresentamos no CIJAM (Centro de Internação Jovem Adulto Masculino), local em que cumprem sentença os socioeducandos do sexo

---

[8] Atualmente o site nossahistoriadasmulheres.com não está mais on line, mas o PDF do livro está disponível gratuitamente no Repositório do Laboratório Virtual de Ensino de História da Universidade Federal do Pará, disponível em: <u>www.lveh.ufpa.br</u>.

masculino, maiores de dezoito anos, muitos dos quais já passaram por outras unidades de internação, ao longo de toda a sua adolescência. Nessa atividade, contamos com a colaboração do professor de história do CIJAM, que se envolveu com o nosso projeto e firmou parceria para projetos futuros. Os alunos do CIJAM tiveram acesso à pesquisa que realizamos com as adolescentes do CESEF, deram seus relatos de vida e compartilharam suas experiências sobre temas como violência contra a mulher e contra crianças.

Pegamos as respostas dos adolescentes do CIJAM e, com elas, produzimos um material que mostrava o ponto de vista dos rapazes sobre as temáticas trabalhadas, comparando com o ponto de vista das adolescentes sobre os mesmos temas. Esse material foi utilizado em nossa última aula do projeto, ministrada no CESEF. Nessa atividade, pudemos constatar que as adolescentes repensaram o conceito de família e se motivaram a seguir estudando, ao perceber que temas da vida cotidiana delas fazem parte dos conteúdos da escola, e que elas, por mais que em privação de liberdade, possuem direitos e fazem parte da história do Brasil, que é construída a cada dia.

Acreditamos que a nossa experiência era necessária, pois fez toda a comunidade da socioeducação repensar as suas práticas, com o intuito de aproximar os adolescentes e os professores de diferentes turnos e unidades, bem como os familiares das socioeducandas, a fim de enfrentar a segregação e o preconceito que sofrem os adolescentes autores de atos infracionais.

Nosso livro é fruto deste projeto e foi desenvolvido durante as aulas de maio de 2019, com a participação de 18 adolescentes das unidades CIJAM e CESEF.

Mulheres, gênero, família, virgindade e casamento: noções preliminares[9]

É impossível discutir a história da família sem abordarmos o tema da história das mulheres, visto que, no Ocidente, elas costumam ser o esteio familiar, e o principal elo de ligação entre os membros do grupo. Neste quadro, conhecer a história das mulheres é de suma importância e devemos levar em conta que essa é uma história relacional, pois inclui tudo que envolve o ser humano, suas aspirações e realizações, seus parceiros e contemporâneos, suas construções e derrotas, sendo que, nessa perspectiva, podemos perceber que a história das mulheres é fundamental para compreender a história geral: a do Brasil, ou mesmo aquela do Ocidente cristão (DEL PRIORI, 2017, p. 8). Em nosso estudo, partiremos da idéia de que:

---

[9] Capítulo produzido com base em aula ministrada no CESEF entre os dias 14 e 15 de maio.

> A história das mulheres não é só delas, é também aquela da família, da criança, do trabalho, da mídia, da literatura. É a história do seu corpo, da sua sexualidade, da violência que sofreram e que praticaram, da sua loucura, dos seus amores e dos seus sentimentos (DEL PRIORI, 2017, p. 7).

Para estudar a história das mulheres, necessitamos compreender o conceito de "gênero" e, ao tratarmos dessa noção, nos referimos à construção cultural do que é percebido e pensado como diferença sexual, ou seja, das maneiras como as sociedades entendem, por exemplo, o que é "ser homem" e "ser mulher", e o que representa o masculino e o feminino. A ideia de gênero, portanto, diz respeito tanto às ideias que têm referência à diferença sexual e que servem de base para outras interpretações do mundo, quanto às práticas sociais orientadas por essas ideias (PINSKY, 2014, p. 11).

Acerca das relações entre trabalhadores, em ambientes que envolvem homens e mulheres, em pleno século XX, foi observado, por uma famosa historiadora amazônica, que o discurso de muitos homens, entre as décadas de 40 e 50, ainda era o de que "mulheres nas padarias causavam problemas de amores" (FONTES, 2002, P. 115), ou seja, para eles, o ambiente de trabalho, em muitos setores, era visto como impróprio para o sexo feminino. Tal discurso, que ainda se reproduz em alguns setores no mundo atual, não é nada novo. Ainda persiste, em muitos campos da sociedade, a ideia de que algumas funções de trabalho são impróprias para as mulheres, mas, apesar disso, cada vez mais elas vêm ganhando espaço no mundo do trabalho, e se percebendo como capazes de exercer qualquer profissão, quer seja ela de exigência física ou intelectual (CAVALCANTE, 2018, p. 33).

No passado, essa distinção entre o papel social do masculino e do feminino era muito mais nítida. Em Atenas, na Antiguidade, já existia uma grande segregação entre homens e mulheres, havendo a ideia de que algumas funções deveriam ser exercidas exclusivamente pelos homens, ao passo em que, um certo comportamento era socialmente esperado das mulheres, que envolvia uma série de restrições a elas (CAVALCANTE, 2018, p. 33-34).

No cotidiano das mulheres atenienses, o isolamento, além de marcante, era uma prática habitual. Ficavam longas horas dentro de casa e dentro dos quartos, tinham tão pouco contato com outras pessoas de fora da casa que se envergonhavam de serem vistas, e a casa era o seu lugar por excelência, a ponto dos homens a considerarem como o lugar próprio das mulheres e, consequentemente, de todos os seus afazeres (SILVA, 2013, p. 39-40).

Para as mulheres atenienses, a condição de cidadania sempre esteve ligada à vida doméstica, mas também a garantir uma descendência legítima aos homens, que os permitisse ter o direito à voz pública. Nesse sentido, Xenofonte expressou uma antiga tradição do mundo antigo ao definir que o objetivo do casamento era gerar filhos legítimos e preservar a economia doméstica (LASCH, 1999,

p. 56). Desse modo, para se ter direito à voz nas assembleias, as prerrogativas eram extensas, tanto que muitas vezes a cidadania poderia ser questionada, pois a legitimidade da descendência teria que ser comprovada para se ter esse direito. Assim, a lei determinava que a cidadania era um direito masculino, mas estaria atrelada à descendência da esposa legítima do chefe da casa, sendo assim, este deveria zelar pela educação dos filhos para que fossem capazes de proferir discursos em público, pois o direito de se pronunciar em assembleia era uma deferência máxima da cidadania, a legitimação da posição na sociedade (FRANKLIN, 2016, p. 96-97).

Na Idade Média a Igreja, instituindo o casamento como um dos sacramentos, ligado, em princípio, ao consentimento dos esposos, apoiava o holismo familiar, que era total, principalmente na aristocracia, dominada pelas estratégias da linhagem. O consentimento dos noivos era mais nominal do que real, mas continha, em germe, um reconhecimento da autonomia das mulheres e uma personalização do casamento (PERROT, 2017, P. 47), que, em geral, era "arranjado" pelas famílias, atendendo a seus interesses, com pretensões de ser uma aliança antes de ser amor, este que, era desejável, mas não indispensável, pois os pais desconfiavam da paixão, destruidora, passageira, contrária às boas relações, às uniões duráveis que fundam as famílias estáveis (PERROT, 2017, P. 46).

Podemos perceber, desse modo, que o casamento era antes de tudo um pacto entre famílias, no qual a mulher era, ao mesmo tempo, doada e recebida, como um ser passivo, que deveria possuir, como principais virtudes, dentro e fora do casamento, a obediência e a submissão (MACEDO, 2002, p. 20).

Diferentemente dos dias atuais, em que homens e mulheres se casam independentemente de já haverem se iniciado sexualmente, para arranjar um bom casamento, na Idade Média, era fundamental que a virgindade da moça solteira estivesse preservada e, por isso, havia uma obsessão familiar e social em relação a essa questão. A virgindade das moças era cantada, cobiçada, vigiada e a Igreja, que a consagrava como virtude suprema, celebrava o modelo de Maria, virgem e mãe (PERROT, 2017, p. 45). Nesse sentido, o sexo das mulheres deveria ser protegido, fechado e possuído e era atribuída grande importância ao hímen e à virgindade, principalmente pelo cristianismo, que fazia da castidade e do celibato um estado superior (PERROT, 2017, p. 64).

Assim como hoje em dia, época em que a violência sexual é um grave problema social, que afeta milhares de mulheres, que muitas vezes não têm nem sequer a possibilidade de denunciá-la, na Idade Média, preservar a virgindade, sobretudo para moças mais humildes, não era uma tarefa simples. A *violação* era um grande risco, porque constituía um rito de iniciação masculina tolerado na época. Existem descrições de que haviam diversos bandos de rapazes em busca de presas e de que as mulheres capturadas se tornavam infelizes, visto que, passavam a ser sempre suspeitas de serem fáceis e, uma vez defloradas, principalmente se fossem muitos os que o fizeram, não encontrariam quem as quisesse como esposa. Desonradas, estavam condenadas a prostituição (PERROT, 2017, p. 45). Assim, notamos que moças sozinhas à noite precisavam ter muito cuidado na Idade Média, pois elas não estavam mais protegidas do que estão as mulheres nas cidades noturnas atuais, e o seu corpo, assim como a sua reputação, estavam em constante perigo (PERROT, 2017, p. 64).

Vencidos estes riscos e, uma vez casadas, as mulheres passavam a ser juridicamente dependentes do marido, pois perdiam o seu sobrenome e estariam submetidas a regras cujo objetivo era a proteção da família. Além disso, se tornavam sexualmente dependentes, pois estavam presas ao "dever conjugal", e à obrigação da maternidade, que completaria sua feminilidade, sendo que a esterilidade era temida e sempre atribuída à mulher. Uma terceira e dramática dependência também era sofrida pela mulher após o casamento. Ela poderia vir a receber "corretivos" do chefe da casa, depositário da ordem doméstica, pois bater na mulher era uma prática tolerada e admitida, desde que não fosse excessiva (PERROT, 2017, p. 47-48).

Desse modo, os homens, fossem pais ou maridos, possuíam o direito de castigar a mulher, assim como a uma criança, um doméstico ou um escravo, e esse era um direito tido socialmente como absoluto, devendo ser evitado durante a gravidez, mas nunca questionado (MACEDO, 2002, p. 28). Esta situação, atualmente, é combatida, através da criação de leis que visam proteger as mulheres, mas, apesar disso, no cotidiano das grandes cidades brasileiras, são freqüentes as manifestações de violência contra o sexo feminino, muitas vezes cometidas dentro da própria família.

Sobre o amor conjugal, é claro que ele poderia existir, mas isso era um golpe de sorte, pois o amor se realizava mais fora do casamento do que dentro dele e era amplamente tolerado para os homens, e muito menos aceito para as mulheres (PERROT, 2017, p. 46), cujo desejo sexual era reprimido e não deveria nem mesmo ser expressado (MACEDO, 2002, p. 27). Além disso, o prazer físico era condenado, e o sexo visto apenas por sua função procriativa (MACEDO, 2002, p. 26). Vendo o matrimônio como uma estratégia para alianças, os nobres não hesitavam em procurar várias mulheres para a sua satisfação sexual, muitas vezes mantendo a esposa apenas para salvaguardar os acordos firmados (MACEDO, 2002, p. 24).

****

Sobre este texto as adolescentes internadas no CESEF responderam a uma bateria de questões. Na primeira, indicamos que, durante muito tempo, se acreditou que algumas profissões eram impróprias para as mulheres e perguntamos se elas acreditavam que existe algum trabalho que a mulher não é capaz de realizar. Treze alunas responderam a esse questionamento, dez adolescentes discordaram dessa ideia e três concordaram com ela. Dentre as respostas, nos chamou atenção a adolescente que disse:

> Eu não acredito nessa ideia de que uma mulher não seja capaz de atuar em alguma área, qualquer que seja ela, pois todos nós, (não tendo deficiências físicas) temos a mesma capacidade de praticar as mais variadas profissões.

Outra socioeducanda afirmou que:

> As mulheres são capazes de tudo, por mais que existam algumas que não tenham o direito de fazer alguns trabalhos, no qual é exigida muita força, mas mesmo assim elas estão lá, dando o seu melhor e fazendo o que podem. Antigamente elas não tinham esse direito, mas hoje estão batalhando por seus objetivos.

As três adolescentes que disseram acreditar que existem tarefas impróprias para as mulheres deram respostas simples e curtas, usando argumentos ligados à questão da força física para justificarem suas respostas.

O segundo questionamento que realizamos fazia referência ao silenciamento da mulher ao longo da história. Queríamos saber se, em algum momento, já haviam tentado silenciar as adolescentes pelo simples fato de elas serem mulheres. Essa questão apresentou divisão entre as respostas. Sete alunas disseram nunca ter sofrido este tipo de constrangimento e seis afirmaram já haverem vivenciado tal situação.

Dentre as alunas que afirmaram nunca terem sido induzidas ao silêncio, por homens, duas respostas mereceram atenção especial, pois revelaram que, mesmo não tendo sido as vítimas diretas, as socioeducandas presenciaram esse tipo de violência. Em uma delas a adolescente afirmou que:

> Nunca aconteceu isso comigo, mas já vi muitas coisas assim. Hoje em dia não é tão duro quanto era antigamente, mas, em algumas famílias ainda se vê essas circunstâncias.

Outra socioeducanda disse que:

> Ainda nos dias de hoje, mesmo que muitas coisas tenham mudado, e que as mulheres tenham ganhado mais espaço na sociedade, acontece (o silenciamento). Tem muitos casos, eu acredito que não sofro isso, mas o machismo nunca deixou de existir entre nós.

Dentre as alunas que afirmaram terem sido vítimas deste tipo de violência, alguns relatos foram muito reveladores. Em um deles a adolescente informou que:

> Já tentaram sim me calar por eu ser mulher, mas eu não permiti, e eu acho que todas as mulheres tem que reagir da mesma forma.

Outra adolescente afirmou que isso já aconteceu

com ela muitas vezes, pois

> A maioria dos homens querem ser o tal achando que pode falar o que quiser, e se a gente fala alguma coisa pra eles não vale nada.

Uma terceira aluna fez um longo relato, dizendo que:

> Sim (sofreu), mas não em todo lugar, pois tem algumas pessoas que "se acham" e que pensam que tem o direito de calar as mulheres. Sim, já tive uma experiência assim, foi em certo lugar, estava tendo uma palestra, aí fizeram uma pergunta assim "Vocês acham que nós homens podemos ficar em casa e nossas mulheres trabalharem?" Eu sei que essa pergunta foi feita para os homens, foi aí que um deles respondeu "não acho justo, as mulheres tem de ficar em casa cuidando das tarefas." Nesse momento eu levantei e falei "Negativo, as mulheres também são capazes de trabalhar fora!" E, então, o rapaz se levantou e disse "Isso é assunto de homens!" Eu fiquei sem reação.

Outra aluna relatou ter sofrido situação semelhante em seu próprio lar, pois, segundo ela:

> Meu finado esposo não deixou eu ajudar ele porque ele disse que o trabalho pesado de homem não era pra mim.

Como podemos notar através dessas respostas, a tentative de calar as mulheres foi marcante na vida cotidiana de muitas socioeducandas.

Nosso terceiro questionamento se ligava ao tema da virgindade. Perguntamos às adolescentes se elas consideravam importante a preservação da virgindade para o casamento. Das treze adolescentes que responderam a questão, seis afirmaram que sim e seis afirmaram que não, sendo que uma disse que isso depende do relacionamento, se abstendo de dar resposta contundente.

As respostas a esta pergunta foram muito diretas. Dentre as estudantes que não consideraram a virgindade importante para o casamento, uma das alunas justificou sua resposta dizendo que

> Não considero importante, por mais que ainda seja um tabu a virgindade entre meninas mais novas, mas em um casamento isso não vai mudar muita coisa, não vai definer se uma mulher vai ser ou não uma boa esposa.

Por outro lado, dentre as que consideraram a virgindade ainda importante, uma delas afirmou que

> Sim, eu acho importante a preservação da virgindade, mas infelizmente, hoje em dia essa importância não está sendo mais respeitada.

O quarto questionamento que fizemos tratava do tema da violência física contra as mulheres. Informamos que, na Idade Média, não era incomum que as mulheres apanhassem de seus maridos, e que, hoje em dia, este tipo de prática é combatida, mas ainda persiste. Nesse contexto, perguntamos se as adolescentes já haviam presenciado cenas de violência doméstica. Das treze adolescentes, nove afirmaram já ter visto este tipo de situação.

Uma delas afirmou que:

> Sim, já presenciei várias cenas assim, de homens violentando "suas" mulheres. Sinceramente acho isso uma injustiça, tem homem que se acha com o direito de fazer o que quiser com as mulheres só porque tem uma relação com ela.

Outra aluna informou que:

> Já presenciei como também vivi. Eu acho isso um absurdo, mulher não foi feita para apanhar, mas sim para dar carinho.

Uma terceira estudante disse ter visto, muitas vezes esse tipo de violência, mas alertou que, hoje em dia, existe uma "defensoria, a Maria da Penha". As palavras "covardia", "feio" e "mais forte" fazem parte do discurso da maioria dessas meninas, ao se referirem aos agressores.

Dentre as quatro socioeducandas que afirmam nunca ter visto este tipo de violência, dois relatos foram marcantes. No primeiro a adolescente diz que

> Eu nunca presenciei, mas se um dia eu visse eu mataria um homem desses.

No segundo, a adolescente, demonstrando profunda revolta, afirmou que

> Não e se eu presenciasse eu faria besteira com o homem.

Nesses discursos, percebemos muita revolta das adolescentes para com agressores e possíveis agressores de mulheres.

O nosso quinto questionamento dizia respeito ao tema do machismo. Pedimos para que as adolescentes conceituassem o machismo e relatassem alguma situação na qual se depararam com pessoas que tiveram atitudes machistas para com elas. Obtivemos comentários de alta qualidade, que seguem, transcritos, abaixo:

> "O machismo é quando o homem pensa que é melhor que a mulher, pensa que a mulher não tem capacidade e que ela não é autossuficiente. No governo surgiu muita polêmica quando uma mulher assumiu a presidência."

> "O machismo acontece todos os dias de diferentes formas, algumas mais graves, outras nem tanto, mas, em pleno século XXI, ainda existem seres de mentes limitadas que acreditam que a sexualidade da pessoa o

faz inferior ou superior. O machismo acontece quando um homem não aceita sua esposa sair sozinha e ele sim pode, quando homens andam até sem camisa na rua e a mulher é julgada "puta" por uma roupa curta ou algo do tipo. Acontece nos planaltos quando dizem que uma mulher não é capaz de ser presidente de um país, ou até mesmo exercer qualquer outra função. O machismo acontece de várias formas, com várias pessoas e todos os dias e cabe a todos nós não aceitar essas situações, lutar pelos direitos da mulher e ensinar cada criança, desde pequena, a não ser um machista, dando bons exemplos dentro de casa."

"Machismo pra mim é quando o homem não respeita a mulher, que diz que ela tem que fazer o que ele quer. (O machista) quer fazer tudo e não quer que a mulher faça o mesmo. Uma vez eu vinha andando na rua quando eu escutei um homem chamando a filha de vagabunda, só porque ela estava com uma roupa um pouco curta e com um batom vermelho e eu achei isso muito machismo da parte dele. A mulher pode se vestir do jeito que ela quer, ela pode usar o que ela quiser."

"O machismo para mim é aquelas coisas que o homem faz de achar que é melhor que a mulher em tudo e de se achar insubistituível, de bater em mulher, xingar a mulher, desprezar a mulher, achar que ela deve manter relação sexual com ele na hora que ele quer. Na Idade Média era mais machismo do que hoje em dia, mas isso não significa que acabou o machsmo. Isso ainda é muito visível hoje em dia, afinal de contas, isso sempre existiu. E o machismo acontece ainda mais quando a menina escolhe ser homosexual, estou falando porque já vi acontecer. Nunca aconteceu comigo, mas sim com alguém que conheço."

"Machismo pra mim é tipo um homem que sempre acha que pode mais que a mulher, também os que criticam a mulher pelo que elas são, e aquele que fala que a mulher não pode fazer uma coisa que ele faz porque é do sexo posto."

"Para mim machismo é falar palavras que machucam, agredir pessoas, e tais situações violentas. Para mim, um homem falando para uma mulher assim "Você não presta, você é uma vagabunda". Isso, para mim, faz parte do machismo."

"O machismo pra mim é o homem achar que só ele é o dono da razão, e ele pensar que pode mandar na mulher, ele achar que só ele deve trabalhar e a mulher deve ficar em casa cuidando dos filhos."

INFÂNCIA E FAMÍLIA[10]

Como nos adverte Ariès (2018, p. 1), um homem do século XVI ou XVII ficaria espantado com as exigências de identidade civil a que nós nos submetemos com naturalidade atualmente, pois, assim que nossas crianças começam a falar, ensinamo-lhes seu nome, o nome de seus pais, sua idade e ficamos muito orgulhosos quando começam a responder corretamente a todas essas perguntas. Este autor nos lembra, ainda, que hoje em dia nossa personalidade civil já se exprime com maior precisão através de nossas coordenadas de nascimento do que através de nosso sobrenome. Este, com o tempo, poderia muito bem não desaparecer, mas ficar reservado à vida particular, enquanto um número de identidade, em que a data de nascimento seria um dos elementos, o substituiria

---

[10] Capítulo produzido, no CESEF, com base em aulas realizadas entre os dias 22 e 23 de maio de 2019.

para o uso civil. Na Idade Média, o primeiro nome já fora considerado uma designação muito imprecisa, sendo necessário completá-lo com um sobrenome de família, muitas vezes um nome de lugar, mas, agora, tornou-se conveniente acrescentar uma nova precisão, de caráter numérico, a idade.

Desse modo, é como se o nome pertencesse ao mundo da fantasia, o sobrenome ao mundo da tradição e, a idade, ao mundo da exatidão e do número, sendo que, nossa identidade civil se liga ao mesmo tempo a esses três mundos (ARIÈS, 2018, p. 2).

No passado existiam retratos de família datados, que hoje encaramos como documentos de história familiar, como o são os atuais álbuns de fotografias. Esse tipo de documentação, somado aos diários de família, que uniam a preocupação com a precisão cronológica e o sentimento familiar, onde eram anotados, além das contas, os acontecimentos domésticos, os nascimentos e as mortes, são fundamentais para a compreensão da história da família e da infância (ARIÈS, 2018, p. 3).

Até por volta do século XII, a arte medieval desconhecia a infância ou não tentava representá-la, e é difícil crer que essa ausência se devesse à incompetência ou à falta de habilidade dos artistas, pois o mais provável é que não houvesse lugar para a infância nesse mundo (ARIÈS, 2018, p. 17). O que podemos observar é que até o fim do século XIII não existem crianças caracterizadas por uma expressão particular, mas sim homens de tamanho reduzido, ou seja, havia uma recusa em aceitar na arte a morfologia infantil na maioria das civilizações arcaicas, o que nos faz pensar que, no domínio da vida real, a infância era um período de transição, logo ultrapassado, e cuja lembrança era logo perdida (ARIÈS, 2018, p. 18).

Até o século XIII, assim que as crianças deixavam os cueiros, ou seja, a faixa de tecido que era enrolada em torno de seu corpo, elas eram vestidas como os outros homens e mulheres de sua condição social. A Idade Média vestia indiferentemente todas as classes de idade, preocupando-se apenas em manter visíveis através da roupa os degraus da hierarquia social, sendo que, nada, no traje medieval, separava a criança do adulto. É no século XVII que as crianças, ou pelo menos as das famílias mais abastadas, passaram a não ser mais vestidas como os adultos, possuindo trajes que as distinguiam deles (ARIÈS, 2018, p. 32).

Na Idade Média e durante grande parte da Moderna não se pensava, como normalmente acreditamos hoje, que a criança já contivesse a personalidade de um homem. As crianças morriam em grande número e havia uma certa indiferença em relação a esse fato, que era uma conseqüência direta e inevitável da demografia da época, e não nos devemos surpreender diante dessa insensibilidade (ARIÈS, 2018, p. 22).

Através da análise de obras de arte, podemos perceber que, embora as condições demográficas não tenham mudado muito entre os séculos XIII e XVII e a mortalidade infantil tenha continuado em um nível alto, na Idade Moderna se passou a valorizar a vida e a morte das crianças, que vieram a ser retratadas não mais como adultos em miniatura, mas como seres completos. Mais tarde as vacinas e a melhoria nos hábitos de higiene provocariam uma redução na mortalidade infantil, e o controle de natalidade passaria a ser cada vez mais difundido, tudo isso resultando em políticas de proteção à criança e ao adolescente, que hoje possuem um papel central na legislação da maioria dos países.

A INFÂNCIA NA HISTÓRIA DO BRASIL

O Brasil é um país de dimensões continentais, que foi construído a partir de contribuições culturais de diversos povos, logo, a visão que possuímos sobre as crianças muda muito de acordo com fatores como a localização geográfica e o tempo a ser analisado. Sobre as crianças brasileiras e seu lugar na contemporaneidade, Del Priore (2018, p. 7) nos adverte que:

> As crianças brasileiras estão em toda parte. Nas ruas, à saída das escolas, nas praças, nas praias. Sabemos que seu destino é variado. Há aquelas que estudam, as que trabalham, as que cheiram cola, as que brincam, as que roubam. Há aquelas que são amadas e, outras, simplesmente usadas. Seus rostinhos mulatos, brancos, negros e mestiços desfilam na televisão, nos anúncios da mídia, nos rótulos dos mais variados gêneros de

> consumo. Não é a toa que o comércio e a indústria de produtos infantis vem aumentando progressivamente sua participação na economia, assim como a educação primária e o combate à mortalidade infantil tornam-se temas permanentes da política nacional.

Estando "em toda parte", deveríamos perceber as crianças brasileiras também nos livros de história, o que não é comum, pois pouco falamos sobre elas, muito embora tenham sido parte importante da construção do Brasil. Nesse sentido, discutiremos a situação de crianças no Brasil, durante o período colonial.

Em nosso país, nesta época, devemos levar em conta que, além da conversão do "gentio", de um modo geral, o ensino das crianças foi uma das primeiras e principais preocupações dos padres da Companhia de Jesus desde o início de sua missão na América portuguesa (CHAMBOULEYRON, 2018, p. 55), mesmo não possuindo eles a exclusividade desse ensino.

CRIANÇAS NOS MARES

As crianças também enfrentaram os mares e estiveram presentes nas grandes navegações, mais até do que as mulheres. Nesse sentido, devemos levar em conta que as grandes navegações provocaram alterações drásticas e brutais para muitos povos, e também para milhares de crianças, o que pode ser observado na triste história contada por Ramos (2018, p. 19-20):

> É de conhecimento geral que, apesar de o Brasil ter sido "descoberto" oficialmente em 1500, suas terras só começaram a ser povoadas a partir de 1530. No entanto, poucos sabem que, além dos muitos homens e das escassas mulheres que se aventuraram rumo à Terra de Santa Cruz nas embarcações lusitanas do século XVI, crianças também estiveram presentes à epopéia marítima. As crianças subiam a bordo somente na condição de grumetes ou pajens, como órfãs do Rei enviadas ao Brasil para se casarem com os súditos da Coroa, ou como passageiros embarcados em companhia dos pais ou de algum parente.
>
> Em qualquer condição, eram os "miúdos" quem mais sofriam com o difícil dia a dia em alto mar. A presença de mulheres era rara, e muitas vezes, proibida a bordo, e o próprio ambiente nas naus acabava por propiciar atos de sodomia que eram tolerados até pela Inquisição. Grumetes e pajens eram obrigados a aceitar abusos sexuais de marujos rudes e violentos. Crianças, mesmo acompanhadas dos pais, eram violadas por pedófilos e as órfãs tinham que ser guardadas e vigiadas cuidadosamente a fim de manterem-se virgens, pelo menos, até que chegassem à Colônia.
>
> Quando piratas atacavam as embarcações, quer da chamada Carreira do Brasil ou da Carreira da Índia, (...) os adultos pobres eram com frequencia assassinados. Os poderosos, por sua vez, eram aprisionados e trocados por um rico resgate, e as crianças, escravizadas e forçadas a servirem nos navios dos corsários franceses, holandeses e

ingleses, sendo prostituídas e exauridas até a morte. Na iminência de um naufrágio, coisa comum e corriqueira entre os séculos XVI e XVIII, em meio à confusão e desespero do momento, pais esqueciam seus filhos no navio, enquanto tentavam salvar suas próprias vidas. As crianças que tinham a sorte de escapar da fúria do mar, tornando-se náufragas, terminavam entregues à sua própria sorte, mesmo quando seus pais se salvavam. Nesta ocasião, devido à fragilidade de sua constituição física, as crianças eram as primeiras vítimas, tanto em terra, como no mar.

CRIANÇAS ESCRAVAS

Com relação às crianças escravas, que eram um grande contingente no Brasil, até o século XIX, devemos levar em conta que:

> Entre os cativos do Brasil predominavam os adultos, poucos dos quais chegavam aos cinqüenta anos de idade. O desequilíbrio entre os sexos variava segundo as flutuações do tráfico, e em tempos de grandes desembarques, chegava a haver sete homens para cada três mulheres. Na média, as crianças representavam apenas dois entre cada dez cativos. Obviamente, quanto mais tempo afastado do mercado de escravos estivesse um plantel, menos acentuados eram tais desequilíbrios: em fazendas que por vinte anos não compravam cativos, o equilíbrio entre os sexos era a norma, e as crianças podiam corresponder a um terço da escravaria, em estabelecimentos apartados do

mercado há cinqüenta anos, as crianças correspondiam a quase metade de todos os cativos (GÓES & FLORENTINO, 2018, p. 178).

Um dado alarmante sobre a infância entre os escravos é que:

> Poucas crianças chegavam a ser adultos, sobretudo quando do incremento de desembarques de africanos no porto carioca. Com efeito, os inventários das áreas rurais fluminenses mostram que, no intervalo entre o falecimento dos proprietários e a conclusão da partilha entre os herdeiros, os escravos com menos de dez anos de idade correspondiam a um terço dos cativos falecidos; dentre estes, dois terços morriam antes de completar um ano de idade, 80% até os cinco anos.
>
> Aqueles que escapavam da morte prematura, iam, aparentemente, perdendo os pais. Antes mesmo de completarem um ano de idade, uma entre cada dez crianças já não possuía nem pai nem mãe anotados nos inventários. Aos cinco anos, metade parecia ser completamente órfã, aos 11 anos, oito a cada dez. (GÓES & FLORENTINO, 2018, p. 180).

CRIANÇAS, FAMÍLIA E MISCIGENAÇÃO NO BRASIL

No Brasil colonial, principalmente no século XIX, a miscigenação campeava já desbragadamente e havia muita mistura de brasileiros brancos com gente de cor, de europeus com ameríndios, de portuguesas com negros (FREYRE, 2016, p. 65).

Neste sentido, Freyre (2016, p. 85) nos adverte que:

> O padrão de moralidade de duas faces prevalecia na década de 1850: idolatrava-se a mulher pura (...) enquanto os desregramentos sensuais do homem só de leve eram reparados. Em casas-grandes e sobrados patriarcais, não era raro os sinhozinhos se iniciarem na vida sexual profunda desvirginando molecas, emprenhando escravas negras. Escravas que também eram emprenhadas pelos ioiôs da casa. Em alguns casos a sinhá da casa, generosa e tolerante, criava os filhos mulatos do marido com os brancos e legítimos.

Sobre a relação entre casais, podemos afirmar que:

> Em sua atitude para com a esposa, o brasileiro da década de 1850 era um verdadeiro patriarca à maneira romana. Dentro de casa concedia-lhe alguma autoridade. Fora, lhe era negado qualquer poder. Fora de casa, a mulher era apenas, legalmente e socialmente, a sombra do marido (FREYRE, 2016, p. 87).

Como podemos perceber, ser criança, durante a maior parte da história brasileira, era difícil e perigoso. Os riscos relativos a questões ligadas à segurança e a preservação da vida eram negligenciados e, em muitos casos, nem mesmo os pais poderiam garantir a integridade de seus filhos.

****

A partir deste texto, realizamos uma roda de conversa com as adolescentes, e, a seguir, elas produziram textos sobre as temáticas trabalhadas. Nos chamaram atenção alguns trechos, que reproduzimos a seguir.

> "Ser criança durante a maior parte da história brasileira era dificil e perigoso porque muitas delas eram escravizadas, não tinham uma estrutura familiar, pois logo cedo eram separadas dos seus pais."

> "Ser criança durante a maior parte da história brasileira era dificil e perigoso porque não se tinha muito cuidado com as mesmas, elas não eram consideradas tão importantes."

> "Ser criança durante a maior parte da história brasileira era dificil e perigoso porque seus pais eram negros e, por isso, as crianças perdiam seus pais e algumas delas morriam

ou eram usadas por pessoas brancas."

"Ser criança durante a maior parte da história brasileira era difícil e perigoso porque elas eram escravizadas, abusadas e deixadas por seus pais sem segurança nenhuma."

"No passado, assim como hoje em dia, era comum, no Brasil, que as crianças vivessem sem o pai ou a mãe. No passado, muitas delas eram separadas dos pais, por conta da escravidão. As pessoas que compravam escravos, se esse estivesse com o filho, eles compravam só o adulto, não a criança."

"No passado, assim como hoje em dia, era comum, no Brasil, que as crianças vivessem sem o pai ou a mãe. No passado era uma situação totalmente comum que crianças não tivessem nem pai nem mãe, principalmente os filhos de escravos, pois não eram de muito valor, então eram geralmente separados de seus pais na venda, pois não tinham valor no Mercado."

"No passado, assim como hoje em dia, era comum, no Brasil, que as crianças vivessem sem o pai ou a mãe. Isso é comum, porque nem toda família é igual. Algumas adolescentes não tem o apoio das famílias ou são abandonadas, etc."

"Todos os textos mostraram casos muito graves, mas o que mais me chamou atenção foi o abuso sexual, que era considerado "normal", algo que ainda acontece hoje em dia, mas não com tanta frequência e também não é tratado com naturalidade."

"A história que mais me chamou atenção foi os maus tratos e a separação dos pais."

"O abuso me chamou muita atenção. É uma coisa que me doi na alma até hoje quando vejo um caso."

"Tive um colega que acreditava que, fora de casa, a mulher deveria ser uma sombra do mrido. Ele não ligava para a opinião da mulher dele, quando ele estava conversando com alguém."

"Muitos dizem que mulher só serve para ficar dentro de casa, fazer o que tem que fazer dentro de casa. Viver pro marido, fazer tudo para agradar ele.

REPRESENTAÇÕES SOBRE A FAMÍLIA NA MÚSICA POPULAR BRASILEIRA[11]

Com a intenção de alargar o conceito que as adolescentes apresentaram sobre família, na aula inicial de nosso projeto, na qual formulamos um cartaz que foi utilizado para a decoração do CESEF no dia das mães, apresentamos, às nossas alunas, quatro músicas populares brasileiras que tratam da temática da família, e realizamos uma roda de conversa sobre elas, da qual participou Klebson Andrade, o professor de lingua inglesa da escola Antônio Carlos Gomes da Costa, em atuação no CESEF.

As músicas selecionadas foram *Minha história*, de Chico Buarque, *Pais e Filhos*, da Legião Urbana, *Família*, dos Titãs e, *Sonho de uma flauta*, do Teatro Mágico.

---

11 Capítulo escrito a partir de aulas ministradas no CESEF, no dia 27 de maio de 2019.

Para a reprodução das músicas, em sala de aula, utilizamos o meu aparelho celular e uma pequena caixa de som, materiais que, por mais que simples, atenderam satisfatoriamente as nossas expectativas.

Na roda de conversa, sobre a primeira música que apresentamos, *Minha história*, de Chico Buarque, canção em que o eu lírico narra a história de sua própria vida, sendo ela marcada por não ter conhecido o próprio pai, tendo sido criado apenas por sua mãe, passando a vida adulta a beber, berrar e brigar, entre amantes e colegas de bar, as alunas demonstraram ter apreciado a música, e disseram que histórias como essa são muito comuns.

Uma das adolescentes informou que:

> Meu melhor amigo a família dele abandonou ele. Quando conheci ele, ele não tinha ninguém por ele e eu o considero como um irmão.

Outra estudante disse que:

> Minha amiga foi abandonada e ela falava muito sobre isso.

Uma terceira aluna afirmou que:

> Já vi muitas crianças sendo abandonadas, muitas delas que eu conheço, até hoje ainda vivem em situações como essa.

Outra socioeducanda disse que:

> Existem muitas situações como essa. Pais que não quiseram assumir a criança ou pais que são separados.

Também foi mencionado que:

> Já vi muitas coisas como essa, de o homem só vim, engravidar a mulher e ir embora. Aconteceu com várias amigas minhas que foram abandondas com filhos.

Teve uma aluna que se identificou muito com a música, dizendo que sua mãe também foi abandonada, assim como a mãe do personagem da canção.

Sobre a segunda música que apresentamos, *Pais e filhos*, as alunas se demonstraram surpreendidas, pois algumas delas revelaram nunca ter reparado que a música tratava de conflitos familiares, muito embora a conhecessem.

Uma das estudantes revelou que:

> Gostei da música porque ela está falando que temos que valorizar cada minuto com as pessoas que amamos.

Outra aluna afirmou que:

> (A música) é boa porque diz que nós somos bem pequenos e que a gente quer que nossos

pais nos entenda, mas a gente não quer entender eles.

Uma socioeducanda disse que essa música lhe chamou atenção porque ela sente que:

> Na maioria das vezes julgamos nossos pais sem entender e não sabemos nos colocar no lugar deles.

Sobre a terceira música trabalhada em sala, *Família*, dos Titãs, as alunas demonstraram um profundo conhecimento, por ela server de abertura de programas de televisão. Uma delas afirmou que:

> A música se refere a famílias tradicionais, pelo que a letra fala, o que nos dias atuais não é muito comum.

Outra disse que:

> Nem todas as famílias são assim, mas tem algumas que são felizes desse jeito.

Uma das adolescentes acredita que a música:

> Mostra uma família unida, que comem juntos, da proteção uns aos outros.

Uma socioeducanda informou acreditar que:

> Não posso dizer que é uma família comum, mas uma família muito importante e rara.

Nossa quarta música, *Sonho de uma flauta*, do Teatro Mágico, suscitou muitos debates pois apresenta um caráter acentuadamente metafórico. Uma das adolescentes gostou muito da música, pois, segundo ela:

> Me chamou atenção porque fala de pai, mãe e irmão, e eu amo muito meu pai, minha mãe, etc. Esse tipo de música é bem legal. Família para mim é quando tem um irmão que, mesmo não sendo de sangue ele está do seu lado pro que der e vier, ou um pai que te ama mesmo sabendo que você não é filha de sangue, ou até mesmo uma mãe que te aconselha para o bem, mesmo que você fale que ela nunca vai ocupar o lugar de sua mãe biológica. Família é as pessoas saberem se respeitar e se amar, acima de qualquer coisa.

Outra aluna discordou do conceito de família encontrado no dicionário, que diz que a família é um conjunto de pessoas, em geral ligadas por laço de parentesco, que vivem sob o mesmo teto. Para ela:

> Nem sempre família é necessariamente quem tem laços sanguíneos ou mora sob o mesmo teto. Família é quem te ajuda e te cuida, independente de parentesco.

Uma terceira adolescente disse que:

> Existem pais que não precisam ser da mesma família, ter o mesmo sangue para ter um laço afetivo. As vezes a gente considera um amigo mais atencioso do que um parente.

Pelas respostas que encontramos, acreditamos que os nossos objetivos, ao levar às socioeducandas essas quatro músicas, foram atingidos. Essas canções abordam o tema da família sobre pontos de vista diferentes, o do abandono (*Minha história*), o da incompreensão (*Pais e filhos*), o do companheirismo (*Família*) e o simbólico (*Sonho de uma flauta*). Percebemos que o conceito de família que as adolescentes conheciam foi alargado, com esse trabalho de análise das músicas, levando-as a reconhecerem como famílias grupos ligados por afinidades e afeto.

CONSIDERAÇÕES FINAIS[12]

Em pesquisa escolar recente, realizada com inspiração no SINASE (Sistema Nacional de Atendimento Socioeducativo), dentro do CESEF (Centro Socioeducativo Feminino), tínhamos por objetivo compreender qual era a noção de família que as adolescentes possuíam, e qual a importância da participação da família, para elas, no cumprimento da medida socioeducativa. O resultado da pesquisa deu origem a dois cartazes, que foram exibidos aos responsáveis delas, durante a festa comemorativa ao dia das mães, realizada no CESEF, na manhã do dia 10 de maio de 2019.

---

[12] Texto escrito com base em aulas realizadas no CESEF e no CIJAM, entre 23 e 28 de maio de 2019.

(O conceito de família, para treze adolescentes do CESEF)

(Família e participação na medida socioeducativa)

Além desses cartazes, que mostravam noções bem simples de estruturas familiares, caracterizadas pelo companheirismo e pela convivência do dia-a-dia, as adolescentes responderam a um conjunto de questões, que nos levaram às seguintes conclusões:

1- 69% das adolescentes tem entre 16 e 18 anos.
2- 84% das adolescentes não se consideram da cor branca.
3- 46% das adolescentes haviam abandonado a escola antes de cometer o ato infracional.
4- 46% afirmam que já haviam trabalhado antes de cometer o ato infracional.
5- 38% relacionam o ato de trabalhar com a idéia de constituir família.
6- 38% viviam com a mãe, antes de cometer o ato infracional.
   23% com companheiros.
   15% com o pai.
   Uma em abrigo.
   Uma com amigos, sem os responsáveis.
   Uma com o pai e a mãe.
   Nenhuma relatou viver com avós, sem o pai nem a mãe em casa.
7- 69% das adolescentes consideram a mulher capaz de realizar qualquer tipo de trabalho. 30% acham que existem trabalhos impróprios para mulheres.
8- 53% relataram que homens já tentaram silencia-las pelo simples fato de serem mulheres. Das restantes,

33% afirmam que, mesmo sem ter sofrido esse tipo de situação, já a presenciaram.

9- 53% acreditam que a preservação da virgindade ainda é importante para o casamento.

10- 42% afirmam já terem conhecido pessoas que demonstram acreditar que mulheres devem se limitar a acompanhar os seus maridos.

11- 69% afirmam já terem presenciado cenas de violência física contra a mulher.

Esta pesquisa, bem como um resumo de nossas atividades sobre o tema da História da Família, foi apresentada no CIJAM (Centro de Internação Jovem e Adulto Masculino), na noite de 23 de maio de 2019, para uma turma de primeiro ano do ensino médio, durante a aula de história deles, com o objetivo de aproximar o trabalho entre as unidades.

Algumas respostas destes adolescentes, do CIJAM, sobre as temáticas que trabalhamos, nos chamaram atenção e, por isso, as compartilhamos, posteriormente, no CESEF.

1- Quando questionados se já estiveram diante de pessoas que pensam que a mulher deve se limitar a acompanhar o marido, os adolescentes foram unânimes em responder que sim, sendo que um deles disse que, anteriormente, ele próprio pensava dessa forma, mas que, com o tempo, mudou o jcito de pensar.

2- Quando perguntados se acreditavam que existem profissões que a mulher não deva desempenhar, todos responderam que sim, que existem trabalhos impróprios para mulheres, por conta de sua suposta fragilidade física.

3- Quando indagados se já presenciaram cenas de violência física contra mulheres, todos os alunos afirmaram que sim, e muitas vezes, "na casa de vizinhos, nas ruas, nas festas".

4- Duas definições de família, dadas por esses alunos, nos chamaram atenção:

> "Família é aqueles que estão ali do nosso lado, seja nos momentos ruins e bons, estão dispostos a te ajudar, te aconselhar para trilhar uma futura vida feliz, agradável, diante de Deus. Ou seja, está contigo para te corrigir, te fazer amadurecer e conviver com as pessoas humildemente sempre e respeitando as opiniões alheias."

> "Família, para mim família é tudo. Quando a gente acorda do lado da nossa família toma café, almoça, etc. É muito bom e uma sensação muito boa e eu me sinto perto da minha família muito feliz."

De posse dessas informações, dez adolescentes do CESEF reponderam a uma bateria de questões, analisando-as.

Na primeira, indicamos que, ao longo de nosso projeto, buscávamos promover o contato direto entre alunos de diferentes unidades, o que não foi possível. Mesmo com essas limitações que nos foram impostas, conseguimos levar até uma unidade masculina o trabalho realizado no CESEF e trouxemos dela avaliações sobre a nossa experiência. Perguntamos se as adolescentes consideraram essa experiência positiva. Todas aprovaram a experiência, considerando positiva a troca de ideias entre as unidades. Uma das adolescentes afirmou que:

> Acho extremamente importante, principalmente para a reintegração, mas também para compartilharmos opiniões diferentes e aprendermos uns com os outros.

Outra estudante, de forma madura, disse que aprovou a experiência por considerar que "a troca de pensamentos entre homens e mulheres é muito boa". Teve uma aluna que acredita que é muito bom levar um pouco da história da família para outras unidades.

O segundo questionamento indicava que 69% das meninas e 100% dos rapazes envolvidos com o nosso projeto já haviam presenciado cenas de violência física contra mulheres. Queríamos saber se, para a adolescente, existe algum jeito de amenizar ou resolver este problema. Sete alunas disseram acreditar que sim, duas afirmaram acreditar que não e uma respondeu talvez.

As alunas que disseram não acreditar na solução do problema da violência contra a mulher afirmaram que:

> Acho que não tem jeito, já vem da natureza do homem ser machista.

> Eu acho que não, pois a violência já está no ser humano e existe muita gente doente da cabeça.

Podemos perceber, em suas respostas, descontentamento, determinismo e pessimismo em relação ao comportamento masculino.

A aluna que acreditava que talvez existisse solução para o problema desse tipo de violência, demonstrou esperança no futuro, por conta da criação da Lei Maria da Penha.

Quanto às adolescentes que disseram acreditar em um futuro sem violência contra a mulher, suas respostas foram muito variadas. Uma delas disse que:

> Existe sim um jeito de amenizar isso, com a ajuda de Deus e das autoridades.

Outra aluna afirmou que é possível a solução deste problema, "desde que os homens cresçam e aprendam a respeitar uma mulher."

Uma terceira estudante afirmou que:

> Bom, hoje eu sei que a mulher pode se defender na maioria das vezes. Tem sim como amenizar e resolver este problema através da lei.

Outra socioeducanda apostava na educação como solucionadora da questão, ela defendia que:

> Existe sim (uma solução), educando os meninos desde criança, ensinando-lhes o respeito sempre.

Essas respostas me deixaram extremamente satisfeito, visto que, em uma aula anterior, duas meninas disseram acreditar na violência como forma de resolver esse desafio. Ver respostas mais maduras, que envolvem a crença nas leis e na educação, demonstram o êxito de nosso projeto.

No terceiro questionamento, informamos que, em nosso projeto, verificamos que 100% dos adolescentes e 30% das adolescentes consideram que existem profissões que não devem ser exercidas por mulheres. Perguntamos se as alunas consideram que esses dados revelam algum tipo de machismo.

Para este questionamento, três estudantes disseram acreditar que esses dados não demonstram machismo e sete afirmaram acreditar que sim, existe machismo entre os socioeducandos e socioeducandas.

As três adolescentes que disseram que os dados não revelam machismo justificaram sua resposta informando que:

> Não, porque realmente é verdade que tem trabalhos que não são apropriados para mulheres.

Eu acho que não, porque foi mais as mulheres que relataram que não.

Não, até porque foi compartilhado entre feminino e masculino.

Dentre as adolescentes que disseram que os dados revelavam machismo, as respostas foram variadas, merecendo destaque:

Sim, pois sabemos que independente do sexo ou gênero todos somos humanos e temos as mesmas capacidades físicas e mentais (com exceção dos deficientes).

Sim, eu considero esses dados um machismo sim, eles podem fazer porque a mulher não?

Sim, pois para as mulheres trabalharem basta elas quererem.

Muito sim, porque se as mulheres quiser fazer um trabalho elas fazem.

Sim, acho, mas vamos ser sinceras, tem mulheres que tem capacidade, mas não força.

No quarto questionamento, comentamos que, ao longo do mês de maio, discutimos, através da leitura de textos, de bate-papos em rodas de conversas, da produção de cartazes e da análise de músicas o tema da história da família, e perguntamos se a aluna gostou de conhecer um pouco sobre o passado das famílias brasileiras. Todas as alunas responderam positivamente e destacamos algumas de suas justificativas:

> Sim, pois de certa forma é a nossa história, nos abre os olhos para coisas que até então não nos era ditto.

> Achei muito interessante todas as histórias da família, e do passado. Gostei porque nunca ouvi falar, mas fiquei muito interessada.

> Sim, eu fiquei muito triste pelo nosso passado que não foi muito feliz, mas por outro lado eu gostei muito deste trabalho.

> Sim, gostei sim dos bate-papos, porque falamos sobre mulheres, coisas que são importantes.

Em nosso quinto e ultimo questionamento, fizemos um longo comentário, chamando a atenção das adolescentes para a existência do livro que inspirou nosso projeto, o *Nossa História das Mulheres: representações do feminino no cinema e na sala de aula*, que foi escrito ao longo do primeiro bimestre letivo de 2018, no CESEF, por mim, enquanto professor de história, e pelas socioeducandas que, na ocasião, estavam internadas no CESEF. Perguntei se elas tinham o interesse de transformar a nossa experiência de estudos sobre a história da família em um livro. Todas demonstraram interesse, e fizeram comentários sobre esta possibilidade, que seguem abaixo:

Sim, até porque um livro mostraria o quanto tudo isso é importante e é muito interessante poder compartilhar.

Sim, seria muito legal compartilhar essa experiência com outras pessoas, o que seria possível com um livro!

Vai ser muito legal fazer um livro, eu torço para que isso aconteça.

Sim, seria muito legal transformar em um livro, seria bastante interessante.

Sim, seria legal que outras pessoas aprendessem as mesmas coisas que a gente.

Sim, seria superlegal. Deu até uma ideia legal.

Seria bom fazer um livro.

Sim, seria bom para milhares de pessoas.

Sim, acho que vai ser bastante divertido e interessante.

Sim, é legal.

Como podemos notar através dessas frases, nosso livro, que agora chega em suas mãos, transformou o modo de ver o mundo de todos os envolvidos em sua produção, e fortaleceu a autoestima de toda a comunidade escolar. Espero que a leitura dele tenha sido tão satisfatória, quanto foi satisfatório realize-lo.

REFERÊNCIAS BIBLIOGRÁFICAS

ARIÈS, Philippe. História Social da Criança e da Família. Rio de Janeiro: LTC, 2018.

CAVALCANTE, Helison. *Nossa História das mulheres: representações do feminino no cinema e na sala de aula*. Belém: Independently Published, 2019.

CHAMBOULEYRON, Rafael. Jesuítas e as crianças no Brasil quinhentista. In: DEL PRIORE, Mary. História das crianças no Brasil. São Paulo: Contexto, 2018.

DEL PRIORI, Mary. *Apresentação*. In: DEL PRIORI, Mary (org.). *História das mulheres no Brasil*. São Paulo: Contexto, 2017.

FONTES, Edilza Joana de Oliveira. *O pão nosso de cada dia: trabalhadores, indústria da panificação e a legislação trabalhista em Belém (1940-1954)*. Belém: Editora Paka-Tatu, 2002.

FRANKLIN, Karen. *Aristófanes e Platão: discursos sobre a mulher na Antiguidade*. In: Nuntius Antiquus, Belo

Horizonte, v. 12, n. 1, p. 91-116, 2016.

FREYRE, Gilberto. Vida Social no Brasil nos meados do século XIX. São Paulo: Global editora, 2016.

GÓES, José Roberto de & FLORENTINO, Manolo. Crianças escravas, crianças dos escravos. In: DEL PRIORE, Mary. História das crianças no Brasil. São Paulo: Contexto, 2018.

LASCH, Chistopher. *A mulher e a vida cotidiana: Amor, casamento e feminismo*. Rio de Janeiro: Brasileira, 1999.

MACEDO, José Rivair. *A mulher na Idade Média*. São Paulo: Contexto, 2002.

PERROT, Michelle. *Minha história das mulheres*. São Paulo: Contexto, 2017.

_____ *Mulheres públicas*. São Paulo: UNESP, 1998.

PINSKY, Carla Bassanezi. Mulheres dos anos dourados. São Paulo: Contexto, 2014.

RAMOS, Fábio Pestana. A história trágico-marítima das crianças nas embarcações portuguesas do século XVI. In: DEL PRIORE, Mary. História das crianças no Brasil. São Paulo: Contexto, 2018.

SILVA, Vânia dos Santos. *Algumas Leituras Feministas de Platão: entre a imagem e a identidade*. Brasília, 2013. Dissertação (Mestrado em Filosofia) Universidade de Brasília (UnB).

ANEXOS: Letras de Músicas utilizadas

<u>Minha História</u> (Chico Buarque)

Ele vinha sem muita conversa, sem muito explicar
Eu só sei que falava e cheirava e gostava de mar
Sei que tinha tatuagem no braço e dourado no dente
E minha mãe se entregou a esse homem perdidamente

Ele assim como veio partiu não se sabe pra onde
E deixou minha mãe com o olhar cada dia mais longe
Esperando, parada, pregada na pedra do porto
Com seu único velho vestido cada dia mais curto

Quando enfim eu nasci minha mãe embrulhou-me num
manto
Me vestiu como se fosse assim uma espécie de santo
Mas por não se lembrar de acalantos, a pobre mulher
Me ninava cantando cantigas de cabará

Minha mãe não tardou a lertar toda a vizinhança
A mostrar que ali estava bem mais que uma simples criança
E não sei bem se por ironia ou se por amor
Resolveu me chamar com o nome do Nosso Senhor

Minha história é esse nome que ainda hoje carrego comigo
Quando vou bar em bar, viro a mesa, berro, bebo e brigo
Os ladrões e as amantes, meus colegas de copo e de cruz
Me conhecem só pelo meu nome Menino Jesus

Fonte: Musixmatch

Compositores: LUCIO DALLA / FRANCISCO BUARQUE DE HOLLANDA / Paola PALLOTTINO

Pais e filhos (Legião Urbana)

Estátuas e cofres
E paredes pintadas
Ninguém sabe o que aconteceu
Ela se jogou da janela do quinto andar
Nada é fácil de entender

Dorme agora
É só o vento lá fora
Quero colo, vou fugir de casa
Posso dormir aqui com vocês?
Estou com medo tive um pesadelo
Só vou voltar depois das três
Meu filho vai ter nome de santo
Quero o nome mais bonito

É preciso amar as pessoas
Como se não houvesse amanhã
Por que se você parar pra pensar
Na verdade não há

Me diz por que que o céu é azul
Explica a grande fúria do mundo
São meus filhos que tomam conta de mim

Eu moro com a minha mãe
Mas meu pai vem me visitar
Eu moro na rua não tenho ninguém
Eu moro em qualquer lugar
Já morei em tanta casa que nem me lembro mais

Eu moro com os meus pais

É preciso amar as pessoas
Como se não houvesse amanhã
Por que se você parar pra pensar
Na verdade não há

Sou uma gota d'água
Sou um grão de areia
Você me diz que seus pais não lhe entendem
Mas você não entende seus pais
Você culpa seus pais por tudo
E isso é absurdo
São crianças como você
O que você vai ser
Quando você crescer?

Fonte: LyricFind

Compositores: Eduardo Dutra Villa Lobos / Marcelo
Augusto Bonfa / Renato Manfredini Junior

Letra de Pais e filhos © Sony/ATV Music Publishing LLC

Família (Titãs)

Família
Família, família
Papai, mamãe, titia
Família, família

Almoça junto todo dia
Nunca perde essa mania
Mas quando a filha quer fugir de casa
Precisa descolar um ganha pão
Filha de família se não casa
Papai, mamãe não dão nenhum tostão

Família ê
Família A
Família
Família, família

Vovô, vovó, sobrinha
Família, família
Janta junto todo dia
Nunca perde essa mania
Mas quando o nenê fica doente
Procura uma farmácia de plantão
O choro do nenê é estridente
Assim não dá pra ver televisão

Família ê
Família ê

Família

Família, família

Cachorro, gato, galinha
Família, família
Vive junto todo dia
Nunca perde essa mania
A mãe morre de medo de barata
O pai vive com medo de ladrão
Jogaram inseticida pela casa
Botaram um cadeado no portão

Família ê
Família ê

Fonte: LyricFind

Compositores: Antonio Bellotto / Arnaldo Filho

Letra de Família © Warner Chappell Music, Inc, Universal Music Publishing Group

<u>Sonho de uma flauta</u> (O Teatro Mágico)

Nem toda palavra é
Aquilo que o dicionário diz
Nem todo pedaço de pedra

Se parece com tijolo ou com pedra de giz
Avião parece passarinho

Que não sabe bater asa
Passarinho voando longe

Parece borboleta que fugiu de casa
Borboleta parece flor que o vento tirou pra dançar
Flor parece a gente

Pois somos semente do que ainda virá
A gente parece formiga

Lá de cima do avião
O céu parece um chão de areia
Parece descanso pra minha oração
A nuvem parece fumaça
Tem gente que acha que ela é algodão

Algodão às vezes é doce
Mas às vezes não é doce não

Sonho parece verdade
Quando a gente esquece de acordar
E o dia parece metade

Quando a gente acorda e esquece de levantar

Ah... e o mundo é perfeito!
Hum... e o mundo é perfeito!
E o mundo é perfeito!

Eu não pareço meu pai
Nem pareço com meu irmão
Sei que toda mãe é santa
Sei que incerteza traz inspiração
Tem beijo que parece mordida
Tem mordida que parece carinho
Tem carinho que parece briga
Tem briga que aparece pra trazer sorriso
Tem riso que parece choro
Tem choro que é pura alegria
Tem dia que parece noite
E a tristeza parece poesia
Tem motivo pra viver de novo
Tem o novo que quer ter motivo
Tem a sede que morre no seio
Nota que fermata quando desafino
Descobrir o verdadeiro sentido das coisas
É querer saber demais
Querer saber demais

Sonho parece verdade
Quando a gente esquece de acordar
E o dia parece metade
Quando a gente acorda e esquece de levantar
Mas o sonho
Sonho parece verdade

Quando a gente esquece de acordar
E o dia parece metade
Quando a gente acorda e esquece de levantar
Ah... e o mundo é perfeito!
Hum... e o mundo é perfeito!
E o mundo é perfeito.

Fonte: <u>Musixmatch</u>

Compositores: Fernando Anitelli

SOBRE O AUTOR

Helison Geraldo Ferreira Cavalcante é Licenciado e
Bacharel em História pela Universidade Federal do Pará
(UFPA-2007). Atua como docente da Secretaria de Estado
de Educação (SEDUC-PA) desde 2008, sendo que, nos
últimos nove anos, leciona para adolescentes, do sexo
feminino, em cumprimento de medidas socioeducativas de
internação. É especialista em Cinema e linguagem
audiovisual pela Universidade Estácio de Sá (2019) e
Mestre em Ensino de História pela Universidade Federal
do Pará, Campus Ananindeua (2019). Pelo projeto *Nossa
História das Mulheres* concorreu ao Prêmio Educador Nota
10, tendo sido finalista nacional desta premiação, na edição
de 2018.

Made in the
USA
Columbia, SC